IHR LIEBEN!

Hier spricht eure Ehebegleiterin. Sicher befindet ihr euch gerade im siebten Himmel. Oder schwebt auf Wolken. Ihr seid frisch verheiratet, YEAH! Damit das auch so bleibt, wird dieses Buch euch begleiten. Es steht euch bei, wenn der erste Tag nach euren Flitterwochen auf einen Montag fällt und ihr euch fragt, wo sie geblieben sind, die Flugzeuge im Bauch.

Die zwölf Kapitel folgen euch durch alle turbulenten, lustigen und verliebten Phasen im ersten Jahr eurer Ehe. Dieser besondere Ratgeber löst vielleicht nicht jedes Problem, aber er bringt euch zum Lachen und in schwierigeren Zeiten damit näher zusammen. Die Behandlungsmethoden leisten Erste Hilfe bei Ehebeschwerden: vom akuten Realitätsschock bis zum chronischen Paarungszwang.

Zudem gibt es jeden Monat Platz für eure persönlichen Highlights und die unvergesslichsten Momente. Haltet euren Lieblingsmoment und euer Kompliment des Monats fest.

Lasset den Ehe-Wahnsinn beginnen!

Silke

MONAT 1

DIESES BUCH GEHÖRT

....

&

....

WIE GEHT'S?

ICH SO:

Aktuelle Gefühlslage: ♡ verliebt ♡ glücklich ♡ unbeschwert ♡ sehnsüchtig ♡ gefrustet ♡ enttäuscht ♡ erwartungsfroh ♡ hoffnungsvoll ♡ sauer ♡ genervt ♡ gestresst ♡ gut gelaunt ♡ gespannt ♡ ....

Läuft super: ....

Klappt null: ....

Lieblingsmoment des Monats: ....

Realitätsschock des Monats: ....

So teilen wir uns den Haushalt:

Das habe ich über dich gelernt: ....

Das Schönste, was du zu mir gesagt hast: ....

....

DU SO:

Aktuelle Gefühlslage: ♡ verliebt ♡ glücklich ♡ unbeschwert ♡ sehnsüchtig ♡ gefrustet ♡ enttäuscht ♡ erwartungsfroh ♡ hoffnungsvoll ♡ sauer ♡ genervt ♡ gestresst ♡ gut gelaunt ♡ gespannt ♡ ....

Läuft super: ....

Klappt null: ....

Lieblingsmoment: ....

Realitätsschock: ....

So teilen wir uns den Haushalt:

Das habe ich über dich gelernt: ....

Das Schönste, was du zu mir gesagt hast: ....

....

ERSTE HILFE

DEM ARZT, BANKBERATER UND FINANZAMT DAS „DU“ ANBIETEN.

IDENTITÄTSKRISE

(AKUTE NAMENSVERWIRRUNG)

DIAGNOSE

BETROFFENE

Monika Mustermann, ehemals Mayer. Max Mustermann, ehemals Hansen. Max und Monika Mustermann-Mayerhansen. Die Behörden melden immer mehr Männer. Auch Schwiegereltern leiden manchmal unter Namensverwirrung, wenn das Schwiegerkind sich mit ihrem Namen am Telefon meldet.

SYMPTOME

Die Frage nach dem Nachnamen löst bei Betroffenen Verwirrung aus, führt zu Stottern und Amnesie. In schlimmen Fällen fallen Betroffene in ein schwarzes Loch auf der Suche nach dem eigenen Ich.

AUFTRETEN

In den ersten Monaten nach der Hochzeit. Erstmalig meist im Standesamt bei der Unterzeichnung der Eheurkunde. Im weiteren Verlauf am Telefon, bei Behörden, Ärzten, Banken und überall, wo eine Unterschrift nötig ist.

BEHANDLUNG

+ Alexa umbenennen in Monika und Max Mustermann-Mayerhansen.
+ Sich jeden Tag selbst anrufen und üben.
+ Klebezettel mit dem neuen Namen aufs Telefon, den Laptop, den Spiegel, auf die Geldbörse, das Handy kleben.
+ Handtücher mit Initialen besticken lassen.
+ Insta-Account umbenennen.
+ Den neuen Namen und die Adresse auf dem Schlüsselanhänger eingravieren lassen, damit man nach Hause gebracht werden kann, wenn alle Stricke reißen.
+ Jedes Mal, wenn man sich mit falschem Namen meldet, muss der Ehepartner einen ausgeben, aus Solidarität, weil sie/er seinen Namen behalten durfte.

VORBEUGUNG

Namen behalten. Den anderen überreden, den eigenen Namen anzunehmen. Überlegen, ob der Doppelname „Mustermann-Mayerhansen“ wirklich eine gute Idee ist.

HINWEIS

Auch bei Hochzeitsgästen kommt es zu Identitätskrisen: Gäste erkennen sich selbst nicht mehr, und es kommt zu Verwechslungen unter Paaren. Sollten sich die Symptome 48 Stunden nach der Hochzeit nicht bessern, fragen Sie den Barkeeper, was im Gin war.

ERSTE HILFE

PATIENT IN DIE STABILE SEITENLAGE BRINGEN UND MIT DER MUND-ZU-MUND BEATMUNG BEGINNEN.

CHRONISCHE ABWEHRSCHWÄCHE

(LIEBESTOLLHEIT)

DIAGNOSE

BETROFFENE
Frisch Verliebte.

AUFTRETEN
In Gegenwart des anderen. Tag und Nacht, zu Hause und unterwegs. Die Temperatur im Schlafzimmer scheint die Ansteckungsgefahr zu erhöhen: Je heißer es ist, desto schlechter die allgemeine Abwehr.

SYMPTOME
Totale Unfähigkeit, die Annäherungsversuche des anderen abzuwehren. Nahezu alle Patienten erliegen dem Charme des anderen bzw. der eigenen Leidenschaft.

BEHANDLUNG

Verflüchtigt sich mit den Jahren von selbst. Deshalb auf keinen Fall Gegenmaßnahmen einleiten, sondern Abwehrschwäche so lange wie möglich aufrechterhalten, zum Beispiel damit:

+ Nach einem Streit IMMER Versöhnung feiern. Zur Not einen Streit provozieren, um sich danach versöhnen zu dürfen.
+ Nie auf den perfekten Moment für Sex warten. Der kommt nie – vor allem, wenn Kinder da sind.
+ Zu jeder noch so unpassenden Gelegenheit loslegen – ihr werdet es nicht bereuen.
+ Öfter mal was alleine machen und das Wiedersehen feiern.

VORBEUGUNG

+ Nie aufhören, Komplimente zu machen. Zur Not jetzt schon eine Liste anlegen mit Dingen, die ihr toll am anderen findet. So habt ihr auch für später genug Material!
+ Nie aufhören, miteinander zu reden und dem anderen zuzuhören, auch wenn man denkt, man weiß sowieso, was kommt.
+ Nie aufhören, den anderen zu überraschen.

MONAT 2

WIE GEHT'S?

ICH SO:

Aktuelle Gefühlslage: ♡ verliebt ♡ glücklich ♡ unbeschwert ♡ sehnsüchtig ♡ gefrustet ♡ enttäuscht ♡ erwartungsfroh ♡ hoffnungsvoll ♡ sauer ♡ genervt ♡ gestresst ♡ gut gelaunt ♡ gespannt ♡ ....

Läuft super: ....

Klappt null: ....

Lieblingsmoment des Monats: ....

Realitätsschock des Monats: ....

So teilen wir uns den Haushalt:

Das habe ich über dich gelernt: ....

Das Schönste, was du zu mir gesagt hast: ....

....

DU SO:

Aktuelle Gefühlslage: ♡ verliebt ♡ glücklich ♡ unbeschwert ♡ sehnsüchtig ♡ gefrustet ♡ enttäuscht ♡ erwartungsfroh ♡ hoffnungsvoll ♡ sauer ♡ genervt ♡ gestresst ♡ gut gelaunt ♡ gespannt ♡ ....

Läuft super: ....

Klappt null: ....

Lieblingsmoment: ....

Realitätsschock: ....

So teilen wir uns den Haushalt:

Das habe ich über dich gelernt: ....

Das Schönste, was du zu mir gesagt hast: ....

....

REALITÄTSSCHOCK

(BRUCHLANDUNG)

DIAGNOSE

BETROFFENE
Astronauten, die zusammen auf dem Honeymoon waren und nun zurück müssen auf die Erde.

SYMPTOME
Nach der Landung auf der Erde. Vor allem, wenn der erste Tag nach den Flitterwochen auf einen Montag fällt.

AUFTRETEN
Betroffene finden die rosarote Brille nicht mehr. Die Welt sieht grau aus, vor allem das Büro. Man will auf Wolke 7 zurück zum Honeymoon. Betroffene leiden unter Jetlag, depressiver Verstimmung, Antriebslosigkeit, Phantomschmerzen (siehe dazu auch *Fehl-Alarm*, Seite 21).

BEHANDLUNG

+ Am ersten Feierabend etwas Schönes zusammen machen. Ein Picknick. Grillen auf dem Balkon oder nachts ins Freibad einbrechen.
+ Die Bilder von der Hochzeit ansehen, wann immer es geht.
+ Allen davon erzählen, wie schön es war.
+ Sich in der Kantine etwas aus dem Land bestellen, in dem man war oder to go was vom Koreaner holen …
+ Sich gegenseitig Nachrichten schreiben und nochmal die Highlights zusammen durchgehen.
+ Bildschirmhintergrund anpassen.
+ Privat ist alles paletti. Aber auch im Job kann es wieder Grund zur Freude geben. Wie wäre es mit einem neuen Ziel, einer Initiativ-Bewerbung beim Traum-Arbeitgeber oder einer neuen Aufgabe im Alltag, die Spaß macht?

ERSTE HILFE

ROSAROTE ARBEITSBRILLE AUFSETZEN.

39.0

WIRTSCHAFTSWUNDE

(GELDFIEBER)

DIAGNOSE

BETROFFENE
Alle, die groß gefeiert haben und nicht damit gerechnet hatten, dass die Freunde an einem Tag mehr Alkohol vernichten als Russland in einem Jahr.

AUFTRETEN
Wenn man die Rechnung für die Feier aus dem Briefkasten fischt.

SYMPTOME
Je nach Höhe: Übelkeit, Schockstarre, Ohnmacht oder Koma.

BEHANDLUNG

+ Die Geldgeschenke nochmal durchzählen und hoffen, dass man sich beim ersten Mal verrechnet hat.
+ Vielleicht kann man das Hochzeitskleid doch noch umtauschen? (Wurde ja nur einmal getragen.)
+ Alle Gutscheine einlösen, die noch offen sind.
+ Kerzen senken die Stromkosten.
+ Warme Gedanken senken die Heizkosten.
+ Nudeln und Reis gibt es in vielen Variationen.
+ Urlaub im Garten der Eltern kann ein Abenteuer sein.
+ Wohnungstausch mit Freunden senkt ebenfalls die Reisekosten.
+ Oder ein Roadtrip mit Zelt und Fahrrad?
+ Lieber Hütten-Hopping in den Bergen?
+ Auto verkaufen.
+ Fitnessstudio-Vertrag kündigen und stattdessen joggen gehen.
+ Hochzeitsgeschenke verpfänden.
+ Erbteil vorzeitig einfordern.

ERSTE HILFE

LOTTO SPIELEN

MONAT 3

WIE GEHT'S?

ICH SO:

Aktuelle Gefühlslage: ♡ verliebt ♡ glücklich ♡ unbeschwert ♡ sehnsüchtig ♡ gefrustet ♡ enttäuscht ♡ erwartungsfroh ♡ hoffnungsvoll ♡ sauer ♡ genervt ♡ gestresst ♡ gut gelaunt ♡ gespannt ♡ ....

Läuft super: ....

Klappt null: ....

Lieblingsmoment des Monats: ....

Realitätsschock des Monats: ....

So teilen wir uns den Haushalt:

Das habe ich über dich gelernt: ....

Das Schönste, was du zu mir gesagt hast: ....

....

DU SO:

Aktuelle Gefühlslage: ♡ verliebt ♡ glücklich ♡ unbeschwert ♡ sehnsüchtig ♡ gefrustet ♡ enttäuscht ♡ erwartungsfroh ♡ hoffnungsvoll ♡ sauer ♡ genervt ♡ gestresst ♡ gut gelaunt ♡ gespannt ♡ ....

Läuft super: ....

Klappt null: ....

Lieblingsmoment: ....

Realitätsschock: ....

So teilen wir uns den Haushalt:

Das habe ich über dich gelernt: ....

Das Schönste, was du zu mir gesagt hast: ....

....

VER-WIR-RUNG

(PAAR-WIR-US)

DIAGNOSE

BETROFFENE
Paare, die zum ersten Mal verheiratet sind.

AUFTRETEN
In den ersten Monaten nach der Hochzeit.

SYMPTOME
Betroffene berichten von Ausfällen im Sprachzentrum, die 1. Person Singular (Ich-Form) kann nicht mehr gebildet werden und wird ersetzt durch die 1. Person Plural (Wir-Form). Die Verwirrung zeigt sich zuerst bei den Betroffenen:

+ „Wir haben die Grippe."
+ „Wir müssen kurz auf die Toilette."
+ „Wir sehen das so."
+ „Wir gehen jetzt."
+ „Wir haben eine Laktose-Intoleranz."
+ „Wir haben unsere Tage."

In der Folge kommt auch beim Gegenüber Verwirrung auf:

+ „Wie, ihr habt beide eure Tage?"

BEHANDLUNG

+ Geduld haben. Die Ver-wir-rung nimmt mit fortschreitender Ehe einen milderen Verlauf und verschwindet im Laufe der Jahre ganz. Vor allem Kinder beschleunigen die Genesung. Betroffene trennen nach der Geburt sehr wohl zwischen meinem Kind (wenn es schläft, lächelt und geistreiche Dinge sagt) und deinem Kind (wenn es sich aufführt wie im schlechten Film).

ERSTE HILFE

TEAM-BESPRECHUNG

TRENNUNGSSCHMERZ

(FEHL-ALARM)

DIAGNOSE

BETROFFENE
Frisch Getrennte.

SYMPTOME
Wenn der andere ins Büro geht. Wenn der andere auf Dienstreise ist. Wenn der andere abends ausgeht. In schweren Fällen schon, sobald der andere das Zimmer verlässt.

AUFTRETEN
Phantomschmerzen in der Herzgegend. Sehnsuchtsanfälle. Betroffene haben den Drang, anzurufen und den anderen mit digitalen Nachrichten zu bombardieren.

BEHANDLUNG

+ Eine Ansichtskarte aus dem Arbeitszimmer schreiben.
+ Klebezettel mit netten Botschaften am Spiegel hinterlassen.
+ Ein Küsschen über den Messenger schicken.
+ In der Mittagspause überraschend nach Hause kommen und Wiedersehen feiern, als gäb's kein Morgen.

ERSTE HILFE

WIEDERSEHEN

MONAT 4

WIE GEHT'S?

ICH SO:

Aktuelle Gefühlslage: ♡ verliebt ♡ glücklich ♡ unbeschwert ♡ sehnsüchtig ♡ gefrustet ♡ enttäuscht ♡ erwartungsfroh ♡ hoffnungsvoll ♡ sauer ♡ genervt ♡ gestresst ♡ gut gelaunt ♡ gespannt ♡ ....

Läuft super: ....

Klappt null: ....

Lieblingsmoment des Monats: ....

Realitätsschock des Monats: ....

So teilen wir uns den Haushalt:

Das habe ich über dich gelernt: ....

Das Schönste, was du zu mir gesagt hast: ....

....

DU SO:

Aktuelle Gefühlslage: ♡ verliebt ♡ glücklich ♡ unbeschwert ♡ sehnsüchtig ♡ gefrustet ♡ enttäuscht ♡ erwartungsfroh ♡ hoffnungsvoll ♡ sauer ♡ genervt ♡ gestresst ♡ gut gelaunt ♡ gespannt ♡ ....

Läuft super: ....

Klappt null: ....

Lieblingsmoment: ....

Realitätsschock: ....

So teilen wir uns den Haushalt:

Das habe ich über dich gelernt: ....

Das Schönste, was du zu mir gesagt hast: ....

....

KREISLAUFPROBLEME

(SERVICE-PANNEN)

DIAGNOSE

BETROFFENE

Bisher gibt es keinen Fall unter Saubermännern. Dafür sind umso mehr Muttersöhnchen betroffen. Auch bei Prinzessinnen tritt das Phänomen häufig auf.

AUFTRETEN

Im Haushalt. Sobald die Spülmaschine ausgeräumt werden muss, die Waschmaschine fertig ist, der Trockner piepst, der Kühlschrank leer ist, keine Socken mehr im Schrank sind …

SYMPTOME

Betroffene fühlen sich plötzlich schwach, schwindelig, unfähig oder nicht zuständig, wenn Hausarbeit anfällt, während der andere im Hamsterrad rödelt.

BEHANDLUNG

FÜR FAULE

+ Bedienungsanleitung der Waschmaschine lesen.
+ Bedienungsanleitung der Spülmaschine lesen.
+ Bedienungsanleitung des Herdes lesen.
+ Falls sich in der Bedienungsanleitung kein Hinweis darauf findet, dass sich die Geräte von selbst einräumen, ausräumen bzw. reinigen: selbst Hand anlegen.
+ P.S: Die Service-Hotlines von Miele und Bosch liefern auch nach mehrmaligem Anruf kein Essen.

FÜR FLEISSIGE

+ Augen zu und abwarten.
+ Auf keinen Fall mit Wissen glänzen, falls der andere behauptet, er kann das nicht.
+ Selbst die Füße hochlegen.
+ Warten, bis der andere keine Socken mehr im Schrank hat.

FÜR BEIDE

+ Auf einer Liste sämtliche Arbeiten notieren, die getan werden müssen. Wäsche gliedert sich z. B. in: **1.** Wäsche nach Farben trennen, **2.** Wäsche in die Waschmaschine räumen, **3.** Wäsche aufhängen, **4.** Wäsche zusammenlegen, **5.** Wäsche in den Schrank räumen. Zusammen schreibt man auf, wie oft es getan werden muss und wie lange es ungefähr dauert. Auch Steuererklärung, Finanzangelegenheiten und sonstige Bürokratie gehört dazu.
Daraus eine Tu-Du/Tu-Ich-Liste machen.

ERSTE HILFE

PUTZHILFE ENGAGIEREN

ERSTE HILFE

LIEBESFILME ANSEHEN

KALTE FÜSSE

(EXTREMITÄTEN)

DIAGNOSE

BETROFFENE
Offiziell keiner. Inoffiziell ein paar mehr.

SYMPTOME
Fluchtgedanken.

AUFTRETEN
Beim Anblick der Socken auf dem Boden. Beim Anblick der offenen Zahnpastatube. Bei Streitigkeiten, an denen der andere Schuld hat. Wenn der Partner „Nein“ zu etwas sagt. Wenn der andere den ersten Hochzeitstag vergisst. Wenn er oder sie einem zu Weihnachten 60 Weckgläser schenkt.

BEHANDLUNG

+ Trauzeuge/Trauzeugin anrufen und sich beruhigen lassen.
+ Paare anrufen, an die man fest glaubt, und sich Tipps holen.
+ Mit jemandem über die Macken des Partners lästern und gemeinsam drüber lachen.
+ Sich die eigenen Macken vor Augen halten.
+ Einen Brief, eine Karte oder alte Whatsapp-Nachrichten vom anderen hervorholen und lesen, was der andere damals geschrieben hat.
+ Fotos aus glücklichen Zeiten ansehen.
+ Falls die Beschwerden länger anhalten, dem anderen verraten, wovor man Angst hat.

VORBEUGUNG

Ein Paar-Tagebuch: Jeden Abend eine Sache aufschreiben, die man an dem Tag am anderen gut fand oder womit der andere einem eine Freude gemacht hat. Die Liste oder das Buch hilft, den anderen weichzuzeichnen, wenn man mal wieder zu hart war.

MONAT 5

WIE GEHT'S?

ICH SO:

Aktuelle Gefühlslage: ♡ verliebt ♡ glücklich ♡ unbeschwert ♡ sehnsüchtig ♡ gefrustet ♡ enttäuscht ♡ erwartungsfroh ♡ hoffnungsvoll ♡ sauer ♡ genervt ♡ gestresst ♡ gut gelaunt ♡ gespannt ♡ ....

Läuft super: ....

Klappt null: ....

Lieblingsmoment des Monats: ....

Realitätsschock des Monats: ....

So teilen wir uns den Haushalt:

Das habe ich über dich gelernt: ....

Das Schönste, was du zu mir gesagt hast: ....

....

DU SO:

Aktuelle Gefühlslage: ♡ verliebt ♡ glücklich ♡ unbeschwert ♡ sehnsüchtig ♡ gefrustet ♡ enttäuscht ♡ erwartungsfroh ♡ hoffnungsvoll ♡ sauer ♡ genervt ♡ gestresst ♡ gut gelaunt ♡ gespannt ♡ ....

Läuft super: ....

Klappt null: ....

Lieblingsmoment: ....

Realitätsschock: ....

So teilen wir uns den Haushalt:

Das habe ich über dich gelernt: ....

Das Schönste, was du zu mir gesagt hast: ....

....

GESCHENKBANDWURM

(KNOTEN IM KOPF)

DIAGNOSE

BETROFFENE
Alle, die auf dem Hochzeits-Geschenkeberg den Überblick verloren haben.

AUFTRETEN
Beim Schreiben der Dankeskarten und vor dem Schrottwichteln.

SYMPTOME
Totalverlust des Überblicks in Sachen Geschenke. Betroffene können sich nicht erinnern, ob der personalisierte Fußabtreter von Tante Uschi oder Onkel Frido stammt. Und von wem ist eigentlich der Gutschein fürs Hotel Tiffany in Kassel?

BEHANDLUNG

Für alle, die Angst haben, dass das Geschenk beim Schrottwichteln versehentlich an den Absender zurückgeht:

+ Haben-wollen-Geschenke auf die eine Seite, ebay-Geschenke auf die andere. (Bei Haben-wollen-Geschenken ist der Absender zweitrangig.)
+ Alle Geschenke notieren, von denen der Absender eindeutig bekannt ist.
+ Nach dem Ausschlussprinzip die restlichen Präsente zuordnen.
+ Falls das nicht möglich ist, Video und Fotomaterial der Hochzeit sichten und anhand von Aufnahmen des Geschenketischs den Absender herausfinden.
+ Gäste befragen, vielleicht gab es einen Verantwortlichen für den Geschenketisch?
+ Verdachtspersonen anrufen und sich herzlich für die Kassel-Reise bedanken. Und erfahren, dass sie weder von Uschi ist noch von Frido. Dafür wisst ihr jetzt, woher der personalisierte Fußabtreter und die Sex-Tischklingel sind.
+ Auf Insta ein Foto von den Dingen ohne Absender posten und einen Aufruf starten, damit man sich für die wunderbaren Dinge bedanken kann.
+ Die Horrorgeschenke über den Ebay-Account der lieben Kollegin abwickeln (von der man weiß, was sie geschenkt hat).

ERSTE HILFE

GESCHENKE SPENDEN

VERBRENNUNGEN

(SOME LIKE IT TOO HOT)

DIAGNOSE

BETROFFENE
Akute Verbrennungen holen sich frisch Verheiratete, die noch nicht an den neuen Familienstand gewöhnt sind oder ein schlechtes Kurzzeitgedächtnis haben. Treulose Tomaten und Gurken äh Schurken leiden chronisch.

SYMPTOME
Betroffene spielen unerlaubt mit dem Feuer und verbrennen sich die Finger.

Die Verbrennung 1. Grades zeichnet sich durch eine Amnesie aus: Die Schürze auf dem Oktoberfest wird links geknotet, der Ehering im Bad vergessen. Auf Nachfrage können Betroffene sich nicht erinnern, verheiratet zu sein.

Bei Verbrennung 2. Grades leiden Betroffene unter Realitätsverlust: Ein Kuss ist kein Kuss.

Die Verbrennung 3. Grades löst bei weiblichen und männlichen Patienten Demenz aus. Sie vergessen nicht nur ihren Familienstand, sondern auch sich selbst.

AUFTRETEN
Vor allem auf Durststrecken und vor oder nach großen Ereignissen wie Hochzeit, Geburt des ersten Kindes, Betriebsausflug. Erstmals meist in Bars, Restaurants, am Arbeitsplatz oder auf anderen öffentlichen Schauplätzen. Im weiteren Verlauf sind auch Intimzonen betroffen.

BEHANDLUNG

+ **Verbrennung 1. Grades:** Verbrennungsopfern kalte Getränke ohne Alkohol zur Abkühlung reichen und Erinnerungshilfe leisten.
+ **Verbrennung 2. Grades:** Opfer umgehend in die Realität zurückholen, nach Hause bringen und auf keinen Fall auf einen Kaffee mit hochkommen.
+ **Verbrennung 3. Grades:** Brandwunden umgehend behandeln. Sich unter keinen Umständen nochmal anstecken lassen.

ERSTE HILFE

ALLE EISEN AUS DEM FEUER HOLEN

MONAT 6

WIE GEHT'S?

ICH SO:

Aktuelle Gefühlslage: ♡ verliebt ♡ glücklich ♡ unbeschwert ♡ sehnsüchtig ♡ gefrustet ♡ enttäuscht ♡ erwartungsfroh ♡ hoffnungsvoll ♡ sauer ♡ genervt ♡ gestresst ♡ gut gelaunt ♡ gespannt ♡ ....

Läuft super: ....

Klappt null: ....

Lieblingsmoment des Monats: ....

Realitätsschock des Monats: ....

So teilen wir uns den Haushalt:

Das habe ich über dich gelernt: ....

Das Schönste, was du zu mir gesagt hast: ....

....

DU SO:

Aktuelle Gefühlslage: ♡ verliebt ♡ glücklich ♡ unbeschwert ♡ sehnsüchtig ♡ gefrustet ♡ enttäuscht ♡ erwartungsfroh ♡ hoffnungsvoll ♡ sauer ♡ genervt ♡ gestresst ♡ gut gelaunt ♡ gespannt ♡ ....

Läuft super: ....

Klappt null: ....

Lieblingsmoment: ....

Realitätsschock: ....

So teilen wir uns den Haushalt:

Das habe ich über dich gelernt: ....

Das Schönste, was du zu mir gesagt hast: ....

....

PAARUNGSZWANG

(KERNFUSION)

DIAGNOSE

BETROFFENE

Manchmal beide Teile eines Paares, manchmal auch nur einer.

AUFTRETEN

In Fitnessstudios, auf Tennisplätzen, im Yogastudio, im Park, in Bars, Restaurants, an der Tankstelle, im Supermarkt.

SYMPTOME

Die Betroffenen möchten alles zusammen machen und fühlen sich alleine unkomplett. Ein milder Verlauf ist bei frisch Verheirateten völlig normal. In schweren Fällen halten Paare die Zapfsäule an der Tankstelle zu zweit, gehen im Restaurant zusammen aufs Klo, arbeiten im selben Büro, teilen sich dort eine Tastatur und lassen in der Kantine die Currywurst auf zwei Teller aufteilen, tragen Partnerlook und machen einen gemeinsamen Termin beim Gynäkologen bzw. Urologen.

BEHANDLUNG

FALLS NUR EINER BETROFFEN IST:

+ Den Mädelsabend auf einen Tag legen, an dem ER nicht kann (funktioniert genauso mit Männerabenden).
+ Das Wiedersehen nach getrennten Abenden so feiern, dass der andere es in positiver Erinnerung hat.
+ Ihm/Ihr auf andere Art die Liebe beweisen.

FALLS BEIDE BETROFFEN SIND:

Weitermachen und genießen. Und die (gemeinsamen) Freunde nicht vergessen.

ERSTE HILFE

PARTNERLOOK

BURN-OUT

(SPARFLAMME)

DIAGNOSE

BETROFFENE
Natürlich nur die anderen.

AUFTRETEN
Die Frequenz variiert von einmal pro Monat bis dreimal täglich.

SYMPTOME
Das Knistern verstummt. Es kommt zu Ermüdungserscheinungen, Tiefs, Verstimmungen und Lust-Verlust. Betroffene berichten von Gähnanfällen, sobald sie das Schlafzimmer betreten.

BEHANDLUNG

+ Ausgehen, um den anderen mal wieder fernab der Couch zu erleben.
+ Dinge getrennt machen.
+ Hübsche Unterwäsche tragen. Falls man keine hübsche Unterwäsche hat, ganz weglassen.
+ Dinge tun, bei denen ihr euch gut fühlt, die Spaß machen und bei denen ihr euch lebendig fühlt.
+ Zur Not einen leidenschaftlichen Streit provozieren, damit man sich versöhnen kann.
+ Zu viel Sport ist keine Lösung.
+ Sich vornehmen, einen Monat lang auf keinen Fall Sex zu haben, komme, was wolle.

ERSTE HILFE

AUF KEINEN FALL DEM NETTEN NACHBARN DAS HERZ AUSSCHÜTTEN

MONAT 7

WIE GEHT'S?

ICH SO:

Aktuelle Gefühlslage: verliebt glücklich unbeschwert sehnsüchtig gefrustet enttäuscht erwartungsfroh hoffnungsvoll sauer genervt gestresst gut gelaunt gespannt ....

Läuft super: ....

Klappt null: ....

Lieblingsmoment des Monats: ....

Realitätsschock des Monats: ....

So teilen wir uns den Haushalt:

Das habe ich über dich gelernt: ....

Das Schönste, was du zu mir gesagt hast: ....

....

DU SO:

Aktuelle Gefühlslage: verliebt glücklich unbeschwert sehnsüchtig gefrustet enttäuscht erwartungsfroh hoffnungsvoll sauer genervt gestresst gut gelaunt gespannt ....

Läuft super: ....

Klappt null: ....

Lieblingsmoment: ....

Realitätsschock: ....

So teilen wir uns den Haushalt:

Das habe ich über dich gelernt: ....

Das Schönste, was du zu mir gesagt hast: ....

....

REGEL-BESCHWERDEN

(GEGENBEWEGUNG)

DIAGNOSE

BETROFFENE

Ehemänner und Ehefrauen, die vorher noch nicht zusammengewohnt haben.

SYMPTOME

Betroffene stellen mit der Zeit fest, dass die Regeln des anderen nicht zum eigenen Plan passen. Es kommt zu Regel-Beschwerden, Ausnahmen von der Regel und im fortgeschrittenen Stadium zum Ausbleiben der Regel, was wiederum beim Gegenüber zu Verstimmungen führen kann (siehe dazu auch *Leichte Verstimmung*, Seite 45).

AUFTRETEN

Im Haushalt und ganz generell.

BEHANDLUNG

+ Einen gemeinsamen Plan machen.
+ Über die wichtigsten Regeln sprechen (Wer macht den Abwasch? Wo fängt Untreue an? Bleibt das Fenster nachts offen oder geschlossen?).
+ Öfter mal ein Auge zudrücken, schließlich sind die Gebote für den anderen neu.
+ Wenn man eine Regel nicht versteht: Fragen, wieso sie dem anderen so wichtig ist.
+ Die eigenen Einwände auf den Tisch legen.
+ Nach guten Kompromissen suchen.

ERSTE HILFE

ZUSAMMEN DIE SCHÖNSTEN AUSNAHMEN VON DER REGEL MACHEN

LEICHTE VERSTIMMUNG

(MIESEPETER)

DIAGNOSE

BETROFFENE
Mal die eine, mal der andere.

AUFTRETEN
Nach Regel-Beschwerden (siehe dazu auch Seite 43) oder anderen Diskussionen. Manchmal auch völlig aus dem Nichts.

SYMPTOME
Die leichte Verstimmung erkennt das Gegenüber meist am Schweigen. Oder Schnaufen. Mitunter kommt es bei Betroffenen auch zu nach oben verdrehten Augen, die aber in diesem Fall kein gesundheitliches Risiko darstellen, sondern psychosomatischer Natur sind.

BEHANDLUNG

+ Auf keinen Fall ignorieren, auch wenn keine akute Lebensgefahr besteht.
+ Gut zuhören.
+ Fragen stellen.
+ Besonders aufmerksam sein.
+ Sich in Zukunft an die Regeln halten, die dem anderen wichtig sind, um zu zeigen, dass einem der andere wichtig ist. Oder beteuern, dass einem der andere wichtig ist, auch wenn man sich nicht immer an seine Regeln hält.
+ Blumen schenken (selber pflücken oder aus dem Lieblingsblumenladen holen, nicht von der Tanke).
+ Den Lieblingsfilm zusammen schauen (nicht den eigenen Lieblingsfilm, sondern den des Verstimmten).
+ Ein ehrliches, schönes Kompliment machen.
+ Den anderen in den Arm nehmen und versichern, wie sehr man sich jeden Tag freut, dass man sie/ihn heiraten durfte.

ERSTE HILFE

DER SATZ „SCHATZ, DU HAST RECHT!“

MONAT 8

WIE GEHT'S?

ICH SO:

Aktuelle Gefühlslage: ♡ verliebt ♡ glücklich ♡ unbeschwert ♡ sehnsüchtig ♡ gefrustet ♡ enttäuscht ♡ erwartungsfroh ♡ hoffnungsvoll ♡ sauer ♡ genervt ♡ gestresst ♡ gut gelaunt ♡ gespannt ♡ ....

Läuft super: ....

Klappt null: ....

Lieblingsmoment des Monats: ....

Realitätsschock des Monats: ....

So teilen wir uns den Haushalt:

Das habe ich über dich gelernt: ....

Das Schönste, was du zu mir gesagt hast: ....

....

DU SO:

Aktuelle Gefühlslage: ♡ verliebt ♡ glücklich ♡ unbeschwert ♡ sehnsüchtig ♡ gefrustet ♡ enttäuscht ♡ erwartungsfroh ♡ hoffnungsvoll ♡ sauer ♡ genervt ♡ gestresst ♡ gut gelaunt ♡ gespannt ♡ ....

Läuft super: ....

Klappt null: ....

Lieblingsmoment: ....

Realitätsschock: ....

So teilen wir uns den Haushalt:

Das habe ich über dich gelernt: ....

Das Schönste, was du zu mir gesagt hast: ....

....

TANTEN-TRAUMA

(FAMILIEN-OVERLOAD)

DIAGNOSE

BETROFFENE
Alle, die in eine Großfamilie eingeheiratet haben.

AUFTRETEN
An Weihnachten, bei Geburtstagen, Taufen, Hochzeiten und sonstigen Familienfeiern.

SYMPTOME
Panikattacken, Klaustrophobie, Atemnot beim Anblick der siebzehntausenddreihundert neuen Familienmitglieder, die mindestens einmal im Jahr alle zusammenkommen.

BEHANDLUNG

+ Ist es eventuell eine Option, Weihnachten weiterhin getrennt zu feiern?
+ Oder ein Jahr mit allen und im nächsten Jahr dafür gemütlich im kleinsten Kreis?
+ Oder am 24. und 25. in voller Runde und dafür kommt am zweiten Feiertag kein Mensch ins Haus?
+ Falls nichts davon infrage kommt: Auf keinen Fall alle zu sich einladen, sonst kann man schlecht als Erster gehen.
+ Es positiv sehen: Die Auswahl ist riesig. Sich die Lieblinge herauspicken und dem Rest ausweichen.
+ Sich das glückliche Gesicht des/der Liebsten ansehen und sich darüber freuen.
+ Sich ein Ehrenamt suchen, das an Feiertagen vollen Einsatz fordert.
+ Mal einen Tag so tun, als würde man die Sippe zum ersten Mal sehen. Und sich dann jemanden aussuchen und ihn nach dem glücklichsten Moment in seinem Leben fragen. Und den traurigsten. Und zuhören.
+ Kopfhörer ins Ohr, Lieblingslied einlegen und sich das wilde Treiben der Familienfeier ohne Ton ansehen. Und schon liegt ein Hauch von Hollywood über dem Ganzen.
+ Sich eine einsame Insel für danach suchen … Und wenn es nur die Sauna im Keller ist.

ERSTE HILFE

FAMILIENAUFSTELLUNG

NEU-GIERDE

(WISSENSDURST)

DIAGNOSE

BETROFFENE

Eltern, Schwiegereltern, Bekannte von Bekannten, Unbekannte.

SYMPTOME

Betroffene stellen neugierige Fragen. Vor allem, was die Zukunft anbelangt: „Wann wollt ihr denn Kinder?“, „Und? Wann ist es so weit?“, „Na, wie weit seid ihr mit der Familienplanung?“ Gern werden auch Zeitpläne und Forderungen gestellt: „Lasst euch nicht zu viel Zeit!“, „Langsam wird es Zeit!“, „Wir wollen noch mit unseren Enkelkindern Fußball spielen!“.

AUFTRETEN

Leider kann es überall passieren.

BEHANDLUNG

+ Gegenfragen stellen. „Und, habt ihr schon eine Patientenverfügung/ein Testament/einen Platz im betreuten Wohnen?“
+ Sagen, dass es nicht klappt – lässt sofort alle Fragen verstummen.
+ Detailreiche Antworten geben und interessiert nachfragen, wie es denn damals bei der fragenden Person geklappt hat.
+ Behaupten, man hätte sich gegen Kinder entschieden – verschafft einen zeitlichen Puffer.
+ Ehrlich sein. Wenn es sein muss, schonungslos.

ERSTE HILFE

BEI BEDARF KINDER VON FREUNDEN LEIHEN

MONAT 9

WIE GEHT'S?

ICH SO:

Aktuelle Gefühlslage: ♡ verliebt ♡ glücklich ♡ unbeschwert ♡ sehnsüchtig ♡ gefrustet ♡ enttäuscht ♡ erwartungsfroh ♡ hoffnungsvoll ♡ sauer ♡ genervt ♡ gestresst ♡ gut gelaunt ♡ gespannt ♡ ....

Läuft super: ....

Klappt null: ....

Lieblingsmoment des Monats: ....

Realitätsschock des Monats: ....

So teilen wir uns den Haushalt:

Das habe ich über dich gelernt: ....

Das Schönste, was du zu mir gesagt hast: ....

....

DU SO:

Aktuelle Gefühlslage: ♡ verliebt ♡ glücklich ♡ unbeschwert ♡ sehnsüchtig ♡ gefrustet ♡ enttäuscht ♡ erwartungsfroh ♡ hoffnungsvoll ♡ sauer ♡ genervt ♡ gestresst ♡ gut gelaunt ♡ gespannt ♡ ....

Läuft super: ....

Klappt null: ....

Lieblingsmoment: ....

Realitätsschock: ....

So teilen wir uns den Haushalt:

Das habe ich über dich gelernt: ....

Das Schönste, was du zu mir gesagt hast: ....

....

SCHWINDELANFÄLLE

(ERINNERUNGSLÜCKEN)

DIAGNOSE

BETROFFENE

Kluge Männer und Frauen mit schlechtem Gewissen, äh Gedächtnis.

AUFTRETEN

Meistens nach Fragen. Auslöser sind zum Beispiel: „Findest du mich zu dick?", „Hast du bemerkt, dass ich beim Friseur war?", „Wie fandest du den Abend bei meinen Eltern?", „Hat dir der Gorgonzola-Bananen-Kuchen meiner Mutter geschmeckt?", „Hattest du mal was mit der/dem?", „Findest du den Yogalehrer attraktiv?", „Hab' ich zu viel geredet?", „Hättest du Lust, mal mit mir ins Stadion zu gehen?", „Meinst du das ernst, dass wir uns die Kinderbetreuung teilen?".

SYMPTOME

Nicht ganz bei der Wahrheit bleibende Erinnerungen, unterstrichen durch heftiges Nicken bzw. Kopfschütteln, weit geöffnete Augen, versichernde Erklärungen.

BEHANDLUNG

FÜR SCHWINDELANFÄLLIGE

+ Kurze Antworten geben. Ausschweifende Erklärungen sind sehr verdächtig.
+ Versuchen, zumindest in Teilen bei der Wahrheit zu bleiben: „Noch schöner als den Abend mit deinen Eltern finde ich jeden Tag mit dir!", „Dein Vater kann sehr gut. Ähm. Erzählen.", „Die Katze deiner Eltern ist sehr sympathisch.", „Die Kuchenteller deiner Eltern sind sehr schick!".

FÜR DAS GEGENÜBER

Je nach Erfahrung, Streitlust, Wichtigkeit des Themas nochmal genauer nachfragen oder der Wahrheit nicht ganz so fest ins Auge sehen.

ERSTE HILFE

KLEINE WAHRE LÜGEN

STREITLUST

(HYSTERISCHER ANFALL)

DIAGNOSE

BETROFFENE
Ehepartner mit Sternzeichen Widder, Skorpion, Streithahn. Sogar Friedensnobelpreisträger sollen unter den Opfern sein.

AUFTRETEN
Urplötzlich. Evtl. besteht ein zeitlicher Zusammenhang mit Schwindelanfällen.

SYMPTOME
Obwohl der Partner seiner Ansicht nach rein gar nichts getan hat, reagiert der streitlustige Teil des Paares mit Verärgerung. Es kommt zu Angriffen, Anschuldigungen, Beschimpfungen, Beleidigungen, Vorwürfen, Konfrontationen, Unterstellungen (sagt der eine), Tatsachenbeschreibungen (sagt der andere).

BEHANDLUNG

+ Streit auf keinen Fall ignorieren.
+ Fluchtinstinkt keinesfalls folgen.
+ Überlegen, ob der andere aus leidenschaftlichen Gründen streiten will, um sich im Anschluss zu versöhnen.
+ Sich klarmachen, dass auch Nichtstun manchmal schon zu viel ist.
+ Oder zu wenig.
+ Überlegen, ob man einen wichtigen Termin vergessen hat (Jahrestag, Geburtstag, 33 Tage und acht Stunden verheiratet, Eisprung, Tag des ersten Dates, Namenstag der Schwiegermutter, Tag des Kusses, Valentinstag, Ehegattentag (26. Januar), Welttag des Kompliments (1. März) …
+ Zuhören, auch wenn es laut ist.
+ Falls der andere eisern schweigt, versuchen, ihn zum Reden zu bringen.
+ Falls das nicht klappt: Beste Freundin/Besten Freund des anderen anrufen, um herauszufinden, ob die mehr wissen.
+ Yes-Törtchen mit Kerze auf den Tisch stellen.
+ Siehe dazu auch *Leichte Verstimmung* auf Seite 45.

ERSTE HILFE

VERSÖHNUNG FEIERN

MONAT 10

WIE GEHT'S?

ICH SO:

Aktuelle Gefühlslage: ♡ verliebt ♡ glücklich ♡ unbeschwert ♡ sehnsüchtig
♡ gefrustet ♡ enttäuscht ♡ erwartungsfroh ♡ hoffnungsvoll ♡ sauer
♡ genervt ♡ gestresst ♡ gut gelaunt ♡ gespannt ♡ ....

Läuft super: ....
Klappt null: ....
Lieblingsmoment des Monats: ....
Realitätsschock des Monats: ....

So teilen wir uns den Haushalt:
Das habe ich über dich gelernt: ....
Das Schönste, was du zu mir gesagt hast: ....
....

DU SO:

Aktuelle Gefühlslage: ♡ verliebt ♡ glücklich ♡ unbeschwert ♡ sehnsüchtig
♡ gefrustet ♡ enttäuscht ♡ erwartungsfroh ♡ hoffnungsvoll ♡ sauer
♡ genervt ♡ gestresst ♡ gut gelaunt ♡ gespannt ♡ ....

Läuft super: ....
Klappt null: ....
Lieblingsmoment: ....
Realitätsschock: ....

So teilen wir uns den Haushalt:
Das habe ich über dich gelernt: ....
Das Schönste, was du zu mir gesagt hast: ....
....

ERSTE HILFE

WUNSCHZETTEL

GESCHENKBLOCKADE

(PRÄSENT IMPERFECT)

DIAGNOSE

BETROFFENE

100 Prozent der Einfallslosen, aber auch 50 Prozent der Kreativen. Die Zahlen der Betroffenen steigen proportional zur Dauer der Ehe.

SYMPTOME

Absolute Blutleere im Kopf beim Gedanken an das perfekte Geschenk für den Liebsten oder die Liebste. Betroffene klagen über Schockstarre, zerbrochene Köpfe, Einfallslöcher. Im weiteren Verlauf kommt es zu Verzweiflungskäufen und Kurzschlusshandlungen in Form von Socken, Krawatten und Pralinen.

AUFTRETEN

Vor Weihnachten, Geburtstagen, Jahrestagen, Valentinstagen, Hochzeitstagen.

BEHANDLUNG

+ Auf keinen Fall IRGENDWAS kaufen.
+ Auf keinen Fall vorschlagen, sich nichts zu schenken.
+ Sich klarmachen, dass ein Geschenk eine Aufmerksamkeit ist.
+ Brainstorming machen.
+ Aufschreiben: Was macht der/die andere gerne?, Was wollte er/sie schon immer mal machen?, Was ist ihm wichtig?, Was kann er/sie absolut nicht ausstehen?, Worüber streitet ihr euch typischerweise?, Wer oder was fehlt dem anderen?
+ Sich aus dieser Liste einen Wunsch herauspicken, den man verwirklichen kann, z. B. die abgerissene Lieblingskette reparieren lassen, etwas finden, was der andere schon ewig sucht …
+ Für tolle Erinnerungen: die schönsten Whatsapp-Nachrichten zu einem Buch binden lassen (es gibt Anbieter im Netz); Filmchen aus dem letzten Jahr oder der Hochzeit zusammenschneiden.
+ Für mehr Lebenszufriedenheit: eine unangenehme Arbeit für ein Jahr abnehmen; Gutscheine für Dinge, die einem selbst schwerfallen.
+ Für mehr Abenteuer: eine Sache zusammen neu lernen (Stand-up-Paddeln im Mondschein), etwas lernen, das der andere schon gut kann, eine Vespa leihen und eine Tour machen.
+ Für mehr Bedeutung: etwas aus der eigenen Familie weitervererben, das der andere mag: das Modellflugzeug von Opa, die Sektgläser von Oma …
+ Die Verpackung nicht vergessen. Sie zeigt, dass der andere sich wirklich bemüht hat: Das Zugticket nach Paris in der Holzeisenbahn verstecken; das Fahrrad mit Lichterketten verzieren, im Garten aufstellen und dann alle Lichter anmachen.
+ Nicht vergessen: Die meisten Menschen macht ein Erlebnis sehr viel glücklicher als ein materielles Geschenk.

FAMILIEN-INTOLERANZ

(KONTAKTALLERGIE)

DIAGNOSE

BETROFFENE

Ehemänner und Ehefrauen mit Schwiegereltern von Sternzeichen Drachen. Menschen, die in Großfamilien eingeheiratet haben. Patchwork-Familien.

AUFTRETEN

Urplötzlich beim Gedanken an Familientreffen. Spätestens, wenn alle aufeinandertreffen.

SYMPTOME

Chronische Kontaktallergie bei der Aussicht auf ein paar lange und ausgiebige Feiertage mit Schwiegermutti. Sobald die Aller-Gene eintreffen, entwickeln Betroffene Schwellungen im Bereich des Halses oder bekommen Schüttelfrost.

BEHANDLUNG

+ Die Frage ist: Lieber eine Überdosis: Einen Tag mit der ganzen Truppe? Oder Hyposensibilisierung: Alle nacheinander und in kleinen Dosen?
+ Sich überlegen, wie es wäre, wenn Oma sich nicht in den Plätzchenteller gesetzt hätte oder Opa bei der Hochzeitsrede nüchtern gewesen wäre ...? Das wäre perfekt. Aber vielleicht auch ein bisschen langweilig?
+ Sich klarmachen, dass einen der andere liebt, egal wie verrückt die eigene Sippe ist.
+ Sich klarmachen, dass man den anderen liebt, egal wie verrückt seine Sippe ist.
+ Hinter Glas betrachtet und ohne Ton ist die Familie doch ganz nett. Plan A: Mit dem Rauchen anfangen und zwischendurch draußen Luft schnappen. (Geht auch mit Kaugummi-Zigarette) Plan B: Das Büro anrufen lassen und geschäftig nach draußen rennen und von dort in Ruhe hinter der Scheibe „telefonieren".
+ Freiwillig den Hund Gassi führen. Sich zur Not einen zulegen oder sitten.
+ Sich in Quarantäne begeben.
+ Ein Ehrenamt verpflichtet: Beratungstelefone laufen während der Feiertage heiß, da werden sicher noch Leute gebraucht.

ERSTE HILFE

KRANKMELDUNG

MONAT 11

WIE GEHT'S?

ICH SO:

Aktuelle Gefühlslage: ♡ verliebt ♡ glücklich ♡ unbeschwert ♡ sehnsüchtig ♡ gefrustet ♡ enttäuscht ♡ erwartungsfroh ♡ hoffnungsvoll ♡ sauer ♡ genervt ♡ gestresst ♡ gut gelaunt ♡ gespannt ♡ ....

Läuft super: ....

Klappt null: ....

Lieblingsmoment des Monats: ....

Realitätsschock des Monats: ....

So teilen wir uns den Haushalt:

Das habe ich über dich gelernt: ....

Das Schönste, was du zu mir gesagt hast: ....

....

DU SO:

Aktuelle Gefühlslage: ♡ verliebt ♡ glücklich ♡ unbeschwert ♡ sehnsüchtig ♡ gefrustet ♡ enttäuscht ♡ erwartungsfroh ♡ hoffnungsvoll ♡ sauer ♡ genervt ♡ gestresst ♡ gut gelaunt ♡ gespannt ♡ ....

Läuft super: ....

Klappt null: ....

Lieblingsmoment: ....

Realitätsschock: ....

So teilen wir uns den Haushalt:

Das habe ich über dich gelernt: ....

Das Schönste, was du zu mir gesagt hast: ....

....

24

ELAN-STÖRUNG

(FUNKSTILLE)

DIAGNOSE

BETROFFENE
Alle Paare, die gerade auf ihr Handy schauen.

AUFTRETEN
Rund um die Uhr.

SYMPTOME
Früher vibrierte der Raum, wenn man sich begegnete, jetzt vibriert nur noch das Telefon. Die ehemals innige analoge Verbindung, zwischen die früher kein Blatt Papier gepasst hat, wird nun ständig durch Anrufe, Nachrichten und Posts gestört. Bei Infizierten schrillen sämtliche Alarmglocken. Bei anderen piept es. Andere leiden unter dauerhaftem Klingelton-Tinnitus, auch wenn das Handy auf lautlos ist. Die ständigen Unterbrechungen führen zur Störung der Work-Love-Balance.

BEHANDLUNG

Schritt 1: Handy, Tablet und Laptop haben eine Ausschalttaste. Zur Not im Handbuch nachsehen, wo sich diese befindet.

Schritt 2: Ausschalttaste mindestens zwei Sekunden lang drücken.

Schritt 3: Mobile Geräte in die hinterste Schublade verbannen oder an anderer schwer erreichbarer Stelle deponieren.

Schritt 4: Feste Zeiten einführen, um Mails nach Feierabend zu checken und aufs Handy zu schauen.

Schritt 5: Körpereigenes Reset-Programm starten und sich was Analoges überlegen, was einem früher zusammen so richtig Spaß gemacht hat.

Schritt 6: Die Verbindung zum Partner verbessern: einen Brief schreiben, persönliche Gespräche führen, einen Abend am Kamin oder Lagerfeuer verbringen, einen Spaziergang machen, spontan in die Berge fahren, Sonne tanken, Karten spielen, Bilder zeichnen statt Fotos machen, im Chor singen, schwimmen gehen.

Schritt 7: Das Pflegen von sozialen Kontakten wird von Patienten gemeinhin als sehr wohltuend empfunden.

Schritt 8: Falls das Handy wieder eingeschaltet werden muss: Töne auf lautlos stellen, Vibrationsalarm deaktivieren und die wahre Liebe IMMER wichtiger nehmen als die digitalen Verbindungen.

ERSTE HILFE

FUNKLÖCHER GRABEN

ERSTE HILFE

SERIEN-ABO BEI NETFLIX KÜNDIGEN

DÉJÀ-VU

(MONO TONI)

DIAGNOSE

BETROFFENE
Abenteuerlustige, die mit Serienhelden verheiratet sind.

SYMPTOME
Ständige Wiederholungen im Alltag führen bei Betroffenen zu Nervenschädigungen. Gehirnscans in Langzeitstudien zeigen ein Zellensterben im Bereich des Langzeitgedächtnisses. Betroffene klagen über Müdigkeit, Antriebslosigkeit – ehemals abenteuerlustige Patienten fallen in ein Wachkoma.

AUFTRETEN
Täglich zur selben Sendezeit.

BEHANDLUNG

Bei aller Liebe zu Ritualen: Ab und zu ein bisschen aus der Reihe tanzen.

IM ANFANGSSTADIUM:

+ Wie wäre es mit Frühstück in einer Kaffeebar?
+ Vielleicht mal das Nachbar-Ferienhaus mieten?
+ Im Restaurant den Kellner fragen, was es außer Schnitzel sonst noch gibt.
+ Mal im Auto auf einen anderen Radiosender schalten.
+ Die Plätze auf der Couch tauschen.
+ Die Couch umstellen.
+ Zur Abwechslung eine Aufgabe vom anderen übernehmen.
+ Abends nicht nach Hause gehen, sondern sich gleich woanders treffen.
+ Den anderen überraschend von der Arbeit abholen.

BEI FORTGESCHRITTENER MONO TONI:

+ Im Bad frühstücken. Oder Abendessen im Schlafzimmer.
+ Beim Afghanen, Afrikaner, Brasilianer essen statt immer nur beim Italiener.
+ Den Kellner auswählen lassen, was man isst.
+ Auf der anderen Seite des Bettes schlafen.
+ Den Nachbarn fragen, ob er die Wohnung tauschen möchte.
+ Ein neues Hobby beginnen.
+ Mit etwas aufhören, das man furchtbar findet.
+ Eine Zigarette rauchen! Einen ganzen Tag lang fernsehen. Sich nicht selbst optimieren, sondern nur das tun, worauf man Lust hat.
+ Sich zusammensetzen und überlegen, welche Rituale man liebt und welche langweilig geworden sind. Und welche neuen Dinge man gerne regelmäßiger machen würde.

MONAT 12

WIE GEHT'S?

ICH SO:

Aktuelle Gefühlslage: ♡ verliebt ♡ glücklich ♡ unbeschwert ♡ sehnsüchtig ♡ gefrustet ♡ enttäuscht ♡ erwartungsfroh ♡ hoffnungsvoll ♡ sauer ♡ genervt ♡ gestresst ♡ gut gelaunt ♡ gespannt ♡ ....

Läuft super: ....

Klappt null: ....

Lieblingsmoment des Monats: ....

Realitätsschock des Monats: ....

So teilen wir uns den Haushalt:

Das habe ich über dich gelernt: ....

Das Schönste, was du zu mir gesagt hast: ....

....

DU SO:

Aktuelle Gefühlslage: ♡ verliebt ♡ glücklich ♡ unbeschwert ♡ sehnsüchtig ♡ gefrustet ♡ enttäuscht ♡ erwartungsfroh ♡ hoffnungsvoll ♡ sauer ♡ genervt ♡ gestresst ♡ gut gelaunt ♡ gespannt ♡ ....

Läuft super: ....

Klappt null: ....

Lieblingsmoment: ....

Realitätsschock: ....

So teilen wir uns den Haushalt:

Das habe ich über dich gelernt: ....

Das Schönste, was du zu mir gesagt hast: ....

....

ERSTE HILFE

ZAUBERN

ADS

(AUFMERKSAMKEITS-DEFIZIT-SYNDROM)

DIAGNOSE

BETROFFENE
Die typische Patientin hat einen Prinzen geküsst, der sich jetzt nach und nach in einen Frosch zurückverwandelt.
P.S.: Es gibt auch weibliche Frösche.

AUFTRETEN
Zu oft.

SYMPTOME
Sie wünscht sich Ranunkeln und bekommt Gerbera. Er will ganz großes Kino und erlebt jeden Tag denselben Zirkus. Sie will Liebesbriefe und bekommt Rechnungen. Er will Tango, und sie tanzt ihm nur auf der Nase herum. Mit den Jahren entwickelt sich daraus eine chronische Belastungsstörung.

BEHANDLUNG

+ Ihr/ihm mal wieder einen Brief schreiben. Oder zumindest eine Postkarte.
+ Einen Tanzkurs buchen.
+ Nach den Lieblingsblumen fragen und sie sich aufschreiben.
+ Morgens zum Wecken das Lieblingslied spielen und einen Kaffee ans Bett bringen.
+ Ein Picknick organisieren.
+ Die Steuererklärung für den anderen machen und von dem Geld eine schöne Ausnahme machen.
+ Sich bedanken für das, was der andere jeden Tag selbstverständlich macht.
+ Ins Kino und danach noch ins Hotel gehen.
+ Einen Jahreskalender zusammen anlegen. Jeden ersten Freitag im Montag ist Highlight-Tag. Jeder darf pro Monat einen Wunsch äußern: Tag im Bett. Ausstellung. Shoppen ohne Murren. Ausflug in eine unbekannte Stadt in der Nähe. Sonnenuntergang am See.
+ Oder man führt einen Date-Tag pro Monat ein: Mal darf der eine sich ein Programm ausdenken, mal der andere, und jeder kommt alleine zum Treffpunkt. Ist nämlich ein großer Unterschied, ob man zusammen wohin fährt oder ob man sich begegnet wie früher.

KINDERÜBERRASCHUNG

(BABY)

DIAGNOSE

BETROFFENE
Ahnungslose Eltern.

AUFTRETEN
Nach dem Eisprung.

SYMPTOME
Betroffene klagen über Müdigkeit, Stimmungsschwankungen und Ziehen in der Brust. Manche leiden unter Übelkeit, andere haben Heißhungerattacken.

BEHANDLUNG

WERDENDE MUTTER:

+ Wie ein rohes Ei.
+ Von allen Seiten bedienen.
+ Auf Händen tragen.
+ Jeden Wunsch von den Augen ablesen.
+ Ihr alles abnehmen (schwere Dinge, Ängste, Zweifel …).

BABY:

+ Gut zureden.
+ Streicheln.
+ Bei Bedarf schaukeln.

ERSTE HILFE

VORFREUEN

UNSER 1. EHEJAHR

UNSER 1. EHEJAHR

DIESE KRANKHEITEN HABEN WIR BEREITS ÜBERSTANDEN

WEITERE

....

....

....

....

ÜBER DIE AUTORIN

Silke Weiher ist Journalistin, war Redakteurin beim Burda-Verlag und, seit sie Kinder hat, arbeitet sie als freie Autorin. Sie schreibt Geschichten für Zeitschriften und erfindet Geschenkbücher für Verlage. Sie kam zu ihrer eigenen Hochzeit zu spät, weil sie noch aufs Klo musste, aber zum Glück ist ihr Mann die Geduld in Person. Um einer Identitätskrise vorzubeugen, hat sie nach der Hochzeit ihren Namen behalten. Sie und ihr Mann litten im ersten Ehejahr an chronischer Abwehrschwäche und akutem Fehl-Alarm. Inzwischen sind sie 14 Jahre verheiratet, haben zwei Söhne und leiten bei auftretenden Déjà-vu- und ADS-Symptomen sofort Gegenmaßnahmen in Form von kinderfreien Wochenenden ein. Weil sie andere Paare und Eltern vor bleibenden Schäden bewahren will, gibt sie ihnen vorbeugend **Ehe-Wahnsinn!** und **Baby-Wahnsinn!** an die Hand.

BABY IM ANFLUG?

BABY-WAHNSINN!

Überleben, durchhalten, behandeln – die lustigsten Eltern-Krankheiten von der Elan-Störung bis zum Brut-Hochdruck – perfekt als Geschenk zur Geburt

ISBN 978-3-7459-1049-0

€ 9.99 (D) / € 10.30 (A)

IMPRESSUM

Bibliografische Information der Deutschen Bibliothek.

Die Deutsche Bibliothek verzeichnet diese Publikation in der Deutschen Nationalbibliografie.

Detaillierte bibliografische Daten sind im Internet über http://www.dnb.de/ abrufbar.

Die im Buch veröffentlichten Aussagen und Ratschläge wurden von Verfasser und Verlag sorgfältig erarbeitet und geprüft. Eine Garantie für das Gelingen kann jedoch nicht übernommen werden, ebenso ist die Haftung des Verfassers bzw. des Verlags und seiner Beauftragten für Personen-, Sach- und Vermögensschäden ausgeschlossen.

Bei der Verwendung im Unterricht ist auf dieses Buch hinzuweisen.

EIN BUCH DER EDITION MICHAEL FISCHER

1. Auflage 2022

Covergestaltung: Zoe Mitterhuber

Produktmanagement: Anne Schäfer-Hörr

Layout und Satz: Anna Köperl

Illustrationen © Shutterstock: agrino: Schloss/Schlüssel (Cover, VNS); Nadia Grapes: Seite 2-3, 8-9, 12-13, 20, 24, 26, 30, 36, 42, 48, 72, 74, Wolken, Herzen (Cover, VNS, Kapitelaufmacher, Seite 77), Sonnenbrille (Cover, VNS), Blume (Cover, VNS), Kleckse; cosmaa: Seite 6, 14, 18, 32, 38-39, 44, 50, 54, 56, 60, 62, 66, 68, 78; Anastasia_B (Ehering Monat 1 bis 12, Cover, VNS); Oliver Hoffmann: Eimer (Kapitelaufmacher).

ISBN 978-3-7459-1050-6

Gedruckt bei Polygraf Print, Čapajevova 44, 08001 Prešov, Slowakei

www.emf-verlag.de